Melanie Krisch

Tiere in der Resozialisierung bei jugendlichen Straftätern

GRIN Verlag

Bibliografische Information der Deutschen Nationalbibliothek:

Die Deutsche Bibliothek verzeichnet diese Publikation in der Deutschen Nationalbibliografie; detaillierte bibliografische Daten sind im Internet über http://dnb.d-nb.de/ abrufbar.

Impressum:

Druck und Bindung: Books on Demand GmbH, Norderstedt Germany
ISBN: 978-3-640-16152-2

Dieses Buch bei GRIN:

http://www.grin.com/de/e-book/114523/tiere-in-der-resozialisierung-bei-jugendlichen-straftaetern

HAWK Fakultät Soziale Arbeit und Gesundheit
Fachhochschule Hildesheim / Göttingen / Holzminden
Studiengang Soziale Arbeit; Diplom

Seminar: Soziale Arbeit mit Straffälligen

Veranstaltungsnummer: BA S Hi/0714/11a/2b, D S Hi/071/SP ERW/4

Tiere in der Resozialisierung bei jugendlichen Straftätern

xxx
6. Fachsemester

Abgabedatum: 29.02.2008

INHALT

1. Einleitung

Bei der Beschäftigung mit dem Thema „Erlebnispädagogik mit Pferden" bin ich auf das therapeutische Reiten mit straffälligen Frauen gestoßen. In der Darstellung wurde von der Verbesserung der Selbstständigkeit und dem Verantwortungsgefühl berichtet. Des Weiteren konnten sich die Frauen in Gegenwart der Pferde öffnen und anschließend über ihre Probleme sprechen. Eine Teilnehmerin war länger ohne Erfolg in psychotherapeutischer Behandlung. Durch die Aktion mit den Pferden konnte das erste Mal eine Verbesserung erzielt werden. Dieses Projekt wurde von der Justizvollzugsanstalt Köln initiiert und durch Spendengelder finanziert.[1]

Der o. g. Bericht hat mich dazu animiert, mich mit der Arbeit mit Tieren im Strafvollzug zu beschäftigen. Wenn eine Maßnahme, wie das therapeutische Reiten, eine Verbesserung des Sozialverhaltens erzielt, könnten Tiere in einer Justizvollzugsanstalt ebenfalls positive Wirkungen auf die Insassen haben.

Im Grundstudium habe ich mich im Rahmen meiner mündlichen Prüfung mit dem Thema der Ursachen von delinquenten Verhalten bei Kindern und Jugendlichen auseinandergesetzt. Bei vielen delinquenten Kindern und Jugendlichen sind Defizite in verschiedenen Bereichen vorhanden. In dieser Arbeit werden die Defizite bei den Betroffenen mit dem Einsatz von Tieren in Verbindung gebracht. Dabei gehe ich der Fragestellung nach, wie Tiere Jugendliche unterstützen können, u. a. schulische Defizite oder fehlende soziale Kompetenzen zu fördern.

Bei Recherchen ist mir aufgefallen, dass in Amerika Tiere in der Arbeit mit Straffälligen fast schon zum Alltag gehören, während in Deutschland die tiergestützte Arbeit nur in wenigen Jugendhaftanstalten durchgeführt wird. Literatur, die explizit das Thema „Tiere in Haftanstalten" aufgreift, beschränkt sich auf wenige Aufsätze in Sammelwerken. In der Schweiz ist die tiergestützte Arbeit um einiges weiterentwickelt als in Deutschland. So wird z. B. in der Haftanstalt Saxerriet schon seit längerer Zeit mit Nutztieren (u. a. Schafe und Kühe), Ponys und Eseln gearbeitet.

---

[1] Vgl. Meinhardt, 1997, S. 22ff.

Im ersten Teil der Hausarbeit werde ich zunächst einen Einblick in die Definition des Begriffes der Resozialisierung geben. Darauf folgt das Kapitel Jugend und Delinquenz. In diesem Rahmen wird zunächst ein Exkurs zu dem Thema Entwicklung in der Adoleszenz folgen. Des Weiteren wird der Begriff der Jugenddelinquenz und das geltende Recht für jugendliche Straftäter erläutert. Im Folgenden gehe ich auf die möglichen Ursachen der Jugenddelinquenz ein. Diese beziehen sich auf die Bereiche Schule / Peergroup, Familie und die sozialen Kompetenzen.

Im zweiten Teil folgt die tiergestützte Intervention. Zunächst wird dieser Begriff definiert und die Wirkung der Tiere auf den Menschen erläutert. Anschließend wird die tiergestützte Arbeit in Bezug zu der schulischen, der familiären Situation und der Ausbildung von sozialen Kompetenzen gebracht. Den Abschluss meiner Hausarbeit bildet die Schlussbetrachtung.

Da die kriminellen Handlungen verstärkt von männlichen Jugendlichen ausgeführt werden, wird in dieser Hausarbeit die Rede von dem Jugendlichen sein, wobei die weiblichen Jugendlichen nicht ausgeschlossen werden.

2. Definition Resozialisierung

Da der Schwerpunkt in dieser Hausarbeit auf die Resozialisierungsarbeit mit Tieren bei Jugendlichen liegt, folgt eine Erklärung dieses Wortes.
Im sozialpädagogischen Bereich leitet sich der Begriff „Resozialisierung“ von dem Wort der Sozialisation ab. Nur wer sich in einer wechselseitigen Auseinandersetzung mit seiner Umwelt und seiner Gesellschaft befand und die darin geltenden Normen und Werte erfahren sowie zum größten Teil eingehalten hat, wurde sozialisiert. Demzufolge betrifft das Wort der Resozialisierung das Individuum und die Gesellschaft.[2] Wenn eine Resozialisierung erforderlich ist, hat ein Teil der Sozialisierung nicht oder nur in einem geringen Maße, innerhalb der Grenzen der Gesellschaft, stattgefunden. Deshalb muss eine Resozialisierung, demzufolge eine Wiedereingliederung, in diese Gesellschaft stattfinden.[3]

---

[2] Vgl. Cornel, 2003, S. 17.

[3] Vgl. Richtberg, 2002, S. 785.

Wenn eine Person gegen die in einer Gesellschaft geltenden Normen und Werte verstoßen hat, wird von „abweichendem Verhalten" gesprochen.[4] Einige abweichende Verhaltensweisen werden vom Staat, z. B. mit einer Haftstrafe, belangt.

Die Resozialisierung hat das Ziel, den Mensch wieder in die Gesellschaft einzugliedern. Außerdem soll er befähigt werden, sein Leben in Zukunft eigenverantwortlich zu gestalteten ohne straffällig zu werden.[5]
Je nachdem, welche Defizite bei dem Betroffenen bestehen, gibt es verschiedene Resozialisierungskonzeptionen, um die vorhandenen Fähigkeiten zu stärken oder die Defizite zu mindern.
Dazu gehören u. a.:[6]
- persönliche Hilfen, Unterstützung / Begleitung in Krisensituationen
- Motivation, um die eigene Lebenslage zu verbessern
- Unterstützung bei der Herstellung von sozialen Kontakten
- Unterstützung bei der Übernahme von Verantwortung für eigenes Handeln als Voraussetzung für die Verhaltensänderung

Um diese Hilfe zu gewährleisten, ist es wichtig, dass Lernen ermöglicht wird und Zeit zur Verfügung steht, damit sich die Jugendlichen, je nach Möglichkeiten und Fähigkeiten, ausprobieren und neue Dinge kennen lernen können.[7]
Dazu werden in verschiedenen Jugendarrestanstalten unterschiedliche Projekte angeboten. Dazu zählen z. B. Bewerbungstraining, soziale Trainingskurse oder eine Fahrradwerkstatt. Oftmals wird das Nachholen von einem Schulabschluss ermöglicht.[8] Seit geraumer Zeit werden in einigen Strafanstalten Tiere zur Resozialisierung eingesetzt. Leider ist diese Methode in Deutschland weniger verbreitet. Tiere sollen u. a. dabei helfen, verschiedene soziale Kompetenzen der Insassen zu fördern.

---

[4] Vgl. Boogaart, 2005 S. 5.

[5] Vgl. Cornel, 2003, S. 14.

[6] Vgl. ebd., S. 45.

[7] Vgl. ebd., S. 46.

[8] Vgl. Landeskriminalamt Baden – Württemberg, 2007, S. 132ff.

Im Gesetz findet der Begriff „Resozialisierung“ weniger Beachtung. Im Strafvollzugsgesetzt (StVollzG) wird das Wort nur einmal in § 9 (2) StVollzG konkret benannt.
Seit dem 01.01.2008 gilt in Niedersachsen das Niedersächsische Justizvollzugsgesetz (NJVollzG). In diesem Gesetz wird der Begriff nicht erwähnt. Stattdessen findet das Wort der „Behandlung“ sowohl im StVollzG als auch im NJVollzG Anwendung (z. B. § 6 (2), § 4 (2) StVollzG, § 103, § 104 NJVollzG). Im § 5 S. 1 NJVollzG sind die Vollzugsziele aufgeführt. Wie auch in § 2 S. 1 StVollzG soll „Im Vollzug der Freiheitsstrafe (...) der Gefangene fähig werden, künftig in sozialer Verantwortung ein Leben ohne Straftaten zu führen.“

3. Jugend und Delinquenz

Während der Entwicklung vom Kind zum Jugendlichen kann abweichendes oder delinquente Verhalten vermehrt auftreten. In den nachfolgenden Punkten wird ein Überblick hinsichtlich der Entwicklung in der Adoleszenz gegeben. Danach wird auf den Begriff der Jugenddelinquenz eingegangen. Es folgt ein Einblick in die geltenden Rechtsnormen und in die möglichen Ursachen des delinquenten Verhaltens.

3.1 Exkurs: Entwicklung in der Adoleszenz

Adoleszenz leitet sich von dem lateinischen Wort „adolescere“ ab, welches mit „heranwachsen“ übersetzt wird.
Mit dem Begriff der Adoleszenz bezeichnet man das Lebensalter zwischen dem 11/12 bis 18/19 Lebensjahr. Genauer gesagt handelt es sich bei der Adoleszenz um eine Zeitspanne, die Jugendliche benötigen, um Veränderungen, die durch die Pubertät ausgelöst werden, psychisch zu verarbeiten und ihren Platz in der Gesellschaft zu finden.[9] In dieser Zeitspanne erfährt der Jugendliche mehrere Entwicklungsschübe, in denen er viele neue Erfahrungen, durch biologische und psychische Veränderungen, sammelt. Dazu gehören z. B. die langsame Ablösung vom Elternhaus, die biologische Entwicklung des Körpers oder die Bildung von neuen sozialen Kontakten in sog. Peergroups. Der Mensch befindet sich in einer Übergangsphase zwischen kein Kind mehr sein, aber auch noch nicht erwachsen sein.[10]

---

[9] Vgl. Schröder, 2002, S. 32.

[10] Vgl. Oerter, Dreher, 2002, S. 258.

Erikson bezeichnet das Jugendalter als zentralste Entwicklungsstufe, in der die Identitätsfindung stattfindet.[11] In dieser Zeit kommt es in der Regel vermehrt zu Streitigkeiten zwischen Eltern und Jugendlichen. Vor allen Dingen dann, wenn die Eltern strikt eigene Stellungen vertreten und keine Kompromissbereitschaft zeigen.[12]

Eine wichtige Rolle spielen in dieser Phase die Kontakte zu Gleichaltrigen in den Peergroups. Während dieser Zeit stehen Freundschaften zu Gleichaltrigen Freunden im Mittelpunkt. Allmählich ersetzen die Freunde die Eltern als wichtigste Bezugspersonen. Es werden die gemeinsamen Interessen der Gruppe vertreten. Dadurch bekommt der Jugendliche Anerkennung und ein Gefühl der Geborgenheit.[13] In dieser Gruppe hat der Jugendliche eine neue soziale Rolle, in die er sich einfühlen und eingewöhnen muss.[14] Er hat u. U. auch Aufgaben, die er in der Gruppe erfüllen muss. Dazu gehören Dinge, wie z. B. pünktlich zu Verabredungen zu kommen oder hilfsbereit gegenüber den anderen Gleichaltrigen zu sein.
Während der Adoleszenz, haben die Peergroups eine wichtige Funktion. Sie helfen dem Jugendlichen seine Identität zu finden und sich vom Elternhaus zu lösen. Er muss eigenverantwortlich seine Rolle in der Gruppe einnehmen.[15] Dabei wird soziales Verhalten im gruppendynamischen Prozess erworben.

In dieser Zeit müssen die Jugendlichen viele verschiedene, neue Aufgaben bewältigen. Sie müssen sich von ihren alten Strukturen lösen und neue Verantwortungen übernehmen. Sie probieren ihre eigene Identität zu finden und einen von der Gesellschaft akzeptierten Platz einzunehmen.
Gerade durch die Situation der Veränderung oder des Umbruches, können bei den Jugendlichen u. U. Unsicherheiten entstehen und ein Versagen als persönliches Scheitern aufgefasst werden.[16]
Die unzureichende Bewältigung der Entwicklungsaufgaben kann bei einigen zu einer vorübergehenden Delinquenz führen.

---

[11] Vgl. Erikson, 1998, S. 25.

[12] Vgl. Feser, 2003, S. 67.

[13] Vgl. ebd., S. 91.

[14] Vgl. Hosser, 2001, S. 45.

[15] Vgl. ebd., S. 46.

[16] Vgl. ebd., S. 45.

3.2 Definition Jugenddelinquenz

Als Jugenddelinquenz wird Kriminalität von Menschen unter 21 Jahren bezeichnet. Dies schließt die Kinder, die Jugendlichen und die Heranwachsenden ein. Das Wort „Delinquenz“ kommt aus dem lateinischen und bezeichnet die Straffälligkeit.

Nach Scheerer gilt der Begriff der Delinquenz als „...abmildernde Bezeichnung für Kinder- und Jugendkriminalität“. [17] Er wird verwandt, um kriminelle Kinder und Jugendliche nicht zu stigmatisieren und um zwischen Kinder-/Jugendkriminalität sowie Erwachsenenkriminalität zu unterscheiden.
Viele Jugendliche neigen dazu ihre Grenzen, während der Adoleszenz, auszutesten. Dabei kann es zu Grenzüberschreitungen kommen. Dieses Verhalten findet in den meisten Fällen nicht mehr im Erwachsenenalter statt, sondern „...wächst sich aus...“.[18] Die meisten tatsächlichen Gesetzesverstöße finden im späten Jugendalter statt.[19] Montada redet von einem Höhepunkt der Jugenddelinquenz im Alter von 16 bis 20 Jahren.[20]

In der Literatur wird häufig der Hinweis gegeben, dass Jugenddelinquenz als „normal“ angesehen werden kann, weil in dieser Entwicklungsphase viele anspruchsvolle Anforderungen an den Jugendlichen gestellt werden. Probleme und Fragestellungen, wie z. B. welchen Beruf erlerne ich oder wo ist mein Platz in dieser Gesellschaft, bringen ihn dazu, immer wieder neue Lösungen für Probleme zu suchen und nach Möglichkeit zu finden.

Dieser Prozess kann zeitweise zu Konflikten führen, die sich in einem auffälligen, abweichenden Verhalten ausdrücken. Hosser begründet die Delinquenz im Jugendalter damit, dass die Jugendlichen einen Zeitpunkt erreichen, in dem die persönlichen und sozialen Ressourcen noch nicht ausreichend entwickelt sind, um diese Entwicklungsphase ohne Zwischenfälle bewältigen zu können.[21] Moffit spricht von einer Kriminalität im „...Rahmen der Persönlichkeitsentwicklung.[22]

---

[17] Scheerer, 2002, S. 195.

[18] Enke, 2003, S. 9

[19] Vgl. Essau, Conradt, 2004, S. 64.

[20] Vgl. Montada, 2002, S. 857.

[21] Vgl. Hosser, 2001, S. 51.

[22] Moffit, 1993, S. 689.

Abschließend ist zu sagen, dass kriminelles Verhalten, das im Jugendalter beginnt, mit hoher Wahrscheinlichkeit im frühen Erwachsenenalter wieder aufgegeben wird.

Die möglichen Ursachen der Jugenddelinquenz werden im Punkt 3.4 ausführlicher erläutert.
Die Delinquenz bei Jungen ist wesentlich stärker ausgeprägt als bei Mädchen. Ungefähr ¾ der Strafverdächtigen sind männlich.[23]
Bei Zunahme des Ausmaßes der Kriminalität wird der Anteil der Mädchen geringer.[24] Auch Montada weist darauf hin, dass Mädchen und Frauen seltener straffällig werden. [25]

3.3 Geltendes Recht für jugendliche Straftäter

Zunächst einmal ist gesetzlich festgelegt, ab welchem Alter Kinder und Jugendliche für eine Tat verantwortlich gemacht werden können. Gemäß § 19 StGB ist schuldunfähig, wer bei Begehung der Tat noch nicht 14 Jahre alt ist. Demzufolge können Kinder unter 14 Jahren nicht strafrechtlich verfolgt werden. Das hat zur Folge, dass die Staatsanwaltschaft gegen sie kein Ermittlungsverfahren einleiten kann.[26] Allerdings unterliegt die Polizei dem Legalitätsprinzip. Das bedeutet, dass sie zunächst verpflichtet ist, allen ihr gemeldeten Straftaten nachzugehen.[27]

Jugendliche (nach § 1 (2) Jugendgerichtsgesetz (JGG) derjenige, der das 14 Lebensjahr erreicht, aber das 18te noch nicht vollendet hat) und Heranwachsende (nach § 1 (2) JGG derjenige, der das 18te Lebensjahr erreicht hat, aber noch keine 21 Jahre alt ist) werden nach dem Jugendstrafrecht verurteilt.
Bei den Heranwachsenden muss nach § 105 JGG eine Einzelfallprüfung durchgeführt werden, um nachzuprüfen, ob bei ihnen das JGG Anwendung findet. Das JGG gilt demzufolge nicht automatisch bei Heranwachsenden.

---

[23] Vgl. Essau, Conradt, 2004, S. 6.

[24] Vgl. Bruhns, Wittmann, 2003, S. 41.

[25] Vgl. Montada, 2002, S. 862.

[26] Vgl. Bindel-Kögel, Heßler, Münder, 2004, S. 77.

[27] Vgl. ebd., S. 76.

Das Strafgesetzbuch (StGB) ist nach § 10 StGB für Jugendliche und Heranwachsende nur anzuwenden, wenn es das JGG nicht anders bestimmt.
Die Rechtsfolgen nach einer Straftat, bestehen gem. § 5 (1, 2) JGG aus Erziehungsmaßnahmen, Zuchtmitteln oder Jugendstrafe. Bei Erziehungsmaßnahmen kann es sich beispielsweise um Hilfen zur Erziehung nach dem achten Sozialgesetzbuch (SGB VIII) handeln. Zu den Zuchtmitteln gehören z. B. Verwarnungen, Arbeitsauflagen, Geldauflagen oder Jugendarrest.[28]
Der Jugendarrest ist nach § 16 JGG zwischen Freizeitarrest (Arrestzeit beträgt ein oder zwei Wochenenden), Kurzarrest (Arrestzeit beträgt maximal vier Tage) und Dauerarrest (mindestens eine Woche, höchstens vier Wochen) zu unterscheiden.[29] Die Arrestzeiten werden in einer geschlossenen Einrichtung verbracht und dürfen nicht zur Bewährung ausgesetzt werden (§ 87 (1) JGG).

Die Jugendstrafe ist die einzig „...echte Kriminalstrafe im Jugendstrafrecht“.[30] Nach § 17 (1) JGG handelt es sich bei der Jugendstrafe um eine Strafe mit Freiheitsentzug in einer Jugendstrafanstalt. Das Mindestmaß der Jugendstrafe beträgt sechs Monate, das Höchstmaß für Jugendliche fünf Jahre (geregelt in § 18 (1) S. 1 JGG). In Ausnahmefällen, bei besonderer Tatschwere, kann die Dauer der Jugendstrafe nach § 18 (1) S. 2 JGG bis zu zehn Jahre betragen.

Die Jugendstrafe kann nach § 27 JGG auf Bewährung ausgesetzt werden. Nach § 28 (1) JGG darf die Bewährungszeit ein Jahr nicht unterschreiten und zwei Jahre nicht überschreiten.

---

[28] Vgl. Brühl, Deichsel, Nothacker, 2005, S. 183.

[29] Vgl. ebd., S. 189.

[30] Ebd., S. 192.

3.4 Mögliche Ursachen der Jugenddelinquenz

Bei der Entwicklung eines Kindes oder Jugendlichen gibt es verschiedene Situationen oder sogenannte Risikofaktoren, welche die Wahrscheinlichkeit von Delinquenz erhöhen.[31] Hierbei ist es wichtig zu beachten, dass es nicht den Grund gibt, der für die kriminellen Handlungen verantwortlich ist. Es handelt sich in den meisten Fällen um eine Vielzahl von Umständen, die zusammenwirken und ein Auftreten von delinquenten Verhalten bewirken können.[32]

In den nächsten Punkten werden Risikofaktoren in den Bereichen Schule / Peergroup, Familie und der sozialen Kompetenzen erläutert.
Ebenso existieren weitere Ursachen in anderen Bereichen, die das Auftreten von einem abweichenden Verhalten verstärken können. Alle möglichen Gründe aufzuführen, würde den Rahmen meiner Hausarbeit überschreiten.

3.4.1 Schule / Peergroup

In Bezug auf die Schule, ist das wichtigste Merkmal die Schulleistung, die ein Grund für delinquentes Verhalten sein kann. Verschiedene Studien haben ergeben, dass eine unterdurchschnittliche Intelligenz und die damit verbundene schlechtere Schulleistung das Auftreten von abweichendem Verhalten, als wesentlichen Indikator, positiv beeinflussen kann.[33]

Misserfolge in der Schule können sich auf verschiedene Bereiche des Jugendlichen auswirken. Die Jugendlichen könnten sich die Bestätigung, die sie in der Schule nicht erlangen, in anderen Bereichen suchen, z. B. durch Mutproben oder Gewalttaten.[34] Das Versagen in der Schule nehmen die Schüler als eine Belastung wahr.[35] In vielen Fällen steigern sie ihr Lernverhalten, um bessere Leistungen zu erzielen. Dadurch besteht die Gefahr, dass sie sich selbst unter Druck setzen. Diese Situation kann zu einer Überbelastung führen.

---

[31] Vgl. Beelmann, Raabe, 2007, S. 48.

[32] Vgl. Hoops, Permien, Rieker, 2001, S. 63.

[33] Vgl. Beelmann, Raabe, 2007, S. 64.

[34] Vgl. Wilmers u. a., 2002, S. 138.

[35] Vgl. Mansel, 2001, S. 180.

Wenn die Anstrengungen keinen nennenswerten Erfolg auslösen, werten sie den Misserfolg häufig als persönliches Versagen. So besteht die Möglichkeit, dass sich die schulische Schwäche negativ auf das Selbstwertgefühl auswirkt.[36]

Des Weiteren sind schlechte Schüler in den meisten Fällen nicht gut in die Klassengemeinschaft integriert. Sie empfinden das Schulklima belastend und nehmen die anderen Schüler als Konkurrenten wahr. Das Verhältnis zu den Lehrern beschreiben sie als negativ; da sie sich häufig benachteiligt fühlen. Sie haben das Gefühl, dass die besseren Schüler bevorzugt werden.[37] Durch diese Faktoren ist die Bindung an die Schule gering, so dass zusätzlich die Gefahr des „Schule schwänzens" besteht.

Da viele Jugendliche keine gute Beziehung zu der Schule aufbauen, suchen sie sich andere Beschäftigungsfelder, um sich selbst zu verwirklichen. Nicht selten bevorzugen Jugendliche in solchen Fällen Peergroups, die sich aus der Gesellschaft abgrenzen und ihre eigenen Vorstellungen von Normen und Werten aufgestellt haben. Gleichaltrige Freunde helfen dem Jugendlichen, sich in der Adoleszenz allmählich von seinen Eltern zu lösen. Die Gruppe bietet den Jugendlichen einen geschützten Raum mit eigenen aufgestellten sozialen Regeln und Werten.[38]

Wenn Jugendliche Schwierigkeiten haben, sich sozial zu integrieren, schließen sie sich in der Regel Gruppierungen an, in denen sie Anerkennung und Wertschätzung erfahren.[39] Häufig handelt es sich dabei um Außenseitergruppen, die eine Gewalt- und Delinquenzbereitschaft aufweisen. Je stärker die Jugendlichen in die Gruppe involviert sind, desto höher ist das Risiko, dass das negative oder abweichende Verhalten verstärkt wird. In den meisten Fällen besteht schon vor dem Eintritt in eine Gruppe ein erhöhtes Aggressionspotential. Die Mitgliedschaft senkt die Hemmschwelle zu kriminellem Verhalten.[40]

---

[36] Vgl. Mansel, 2001, S. 160.

[37] Vgl. ebd., S. 199.

[38] Vgl. Melzer, Jakob, 2002, S. 70.

[39] Vgl. ebd. S. 78.

[40] Vgl. Eisner, Ribeaud, 2003, S. 196.

So wird sich z. B. ein Jugendlicher, der dazu neigt Konflikte mit körperlicher Gewalt zu lösen, vorzugsweise einer Gruppe anschließen, die ebenfalls gewaltverherrlichende Werte vertritt. Wenn er aus einem gruppendynamischen Prozess heraus einen Außenstehenden „verprügelt“, bekommt er von den anderen Gruppenmitgliedern Aufmerksamkeit. Sie tätigen ggf. Aussagen, wie „Dem hast Du es aber gezeigt!“. Eine solche Bestätigung für sein Handeln hat er in der Schule nicht oder nur wenig erfahren. Somit bekommt er Anerkennung für seine Gewalttat. Das ist für ihn eine positive Erfahrung, die sich auch steigernd auf sein Selbstwertgefühl auswirkt.

Im Unterschied zur Erwachsenenkriminalität gehen bei Jugendlichen viele Straftaten aus einer Gruppendynamik hervor. Sie sind in den meisten Fällen nicht geplant und werden spontan begangen.[41]

3.4.2 Familie

Die familiäre Sozialisation ist ein sehr wichtiger Aspekt in Bezug auf abweichendes / dissoziales Verhalten von Kindern und Jugendlichen. In Bezug zu der Gewaltbereitschaft von Kindern und Jugendlichen sind Gewalterfahrungen innerhalb der Familie von wichtiger Bedeutung.[42] Eine innerfamiliäre Gewalterfahrung steigert die Wahrscheinlichkeit, dass Kinder und Jugendliche später zu Gewalt und zu delinquenten Verhalten neigen.[43]

Viele Eltern, die Gewalt anwenden, sind nicht in der Lage, einfühlsam mit ihren Kindern umzugehen oder auf ihre Bedürfnisse einzugehen. Häufig ist in diesen Familien ein Erziehungsverhalten zu finden, welches extremen Schwankungen unterliegt.[44] Die Jugendlichen erfahren keine genauen Grenzen und Regeln. So bestrafen die Eltern bspw. ihren Sohn mit körperlicher Züchtigung, wenn er sich nicht an zeitliche Maßstäbe hält, während ein anderes Mal keinerlei Konsequenzen erfolgen. Die Kinder sind häufig auf sich allein gestellt und erfahren nur wenig emotionale Unterstützung.[45]

---

[41] Vgl. Heßler, 2004, S. 76.

[42] Vgl. Wilmers u. a., 2002, S. 61.

[43] Vgl. ebd., S. 225.

[44] Vgl. ebd., S. 61.

[45] Vgl. Eisner, Ribeaud, 2003, S. 190.

Oftmals wird ihrem eigenen Leben kaum Interesse und Anteilnahme seitens der Eltern entgegen gebracht. Dieses mangelnde Interesse zeigt sich auch in Form von einer geringen Beaufsichtigung. Eine Befragung von Jugendlichen hat ergeben, dass sie eine Beaufsichtigung durch die Eltern, bspw. bei ihrer Freizeitgestaltung, in einen Zusammenhang mit einer positiven, emotionalen Bindung gebracht haben.[46]

Viele gewalttätige Eltern neigen dazu, ihre Forderungen unter Drohungen durchzusetzen. So lernen die Jugendlichen, wie man mit Gewalt seine eigenen Bedürfnisse durchsetzen kann.[47]

Nach Mansel und Hurrelmann hat die familiäre Sozialisation in Bezug auf das Gewaltverhalten bei Jugendlichen einen sehr großen Einfluss. Als wichtigsten Grund nennen sie einen unklaren, nicht konsequenten Erziehungsstil.[48]
Wenn die Erziehung der Eltern wenig emotionale Wärme, ein mangelndes Interesse an dem Kind und eine geringe Aufsichtspflicht aufweist, können sich die sozialen Kompetenzen nicht geregelt ausbilden.[49]

3.4.3 Soziale Kompetenzen

Eine wie oben geschilderte familiäre Situation wirkt sich u. a. auf verschiedene soziale Fähigkeiten der Kinder aus. Studien haben ergeben, dass die Empathiefähigkeit, Konfliktkompetenz und das Selbstwertgefühl delinquenter Jugendlicher gar nicht oder nur gering ausgebildet sind.[50] Nach Gottfredson und Hirschi sind die o. g. Faktoren Merkmale, die für delinquentes Verhalten entscheidend sind. Zusätzlich nennen sie noch den Aspekt der Selbstkontrolle.[51]
Die Tatsache, dass Eltern kaum bzw. gar nicht am Leben ihrer Kinder Anteil nehmen, wirkt sich negativ auf die Entwicklung einer Empathiefähigkeit aus.[52]

---

[46] Vgl. Wilmers u. a., 2002, S. 243.

[47] Vgl. Mansel, 2001, S. 47.

[48] Vgl. Mansel, Hurrelmann, 1998, S. 83.

[49] Vgl. Mansel, 2001, S. 203.

[50] Vgl. Wilmers u. a., 2002, S. 228.

[51] Vgl. Gottfredson, Hirschi, 1990, o. a.

[52] Vgl. Wilmers u. a., 2002, S. 244.

Aufgrund dieser Erfahrung mussten die betroffenen Kinder und Jugendlichen lernen, alleine mit ihren Problemen umzugehen. Durch diese Umstände, gerade in Bezug auf das Alleine sein, fällt es ihnen schwerer, die Fähigkeit der Empathie zu empfinden und auszubilden.

Das teilweise dominante Verhalten der Eltern, bspw. Forderungen mit Drohungen oder Gewalt durchsetzen, führt dazu, dass betroffene Jugendliche nicht in der Lage sind, eine Strategie zu erlernen, Konflikte zu führen oder sie zu lösen. Das hat zur Folge, dass aufgrund einer mangelnden Konfliktkompetenz schneller körperliche Gewalt, anstatt verbale Strategien benutzt werden, um eigene Interessen zu verwirklichen.

Durch keinerlei erfahrene Anerkennung der Eltern oder schlechte Leistungen in der Schule, haben sie Schwierigkeiten, ein positives Selbstwertgefühl zu entwickeln. Häufig wird das Selbstwertgefühl mit Hilfe von zu Delinquenz neigenden Gruppierungen aufgewertet.

Die Selbstkontrolle, eine weitere soziale Kompetenz, hat in Bezug auf delinquentes Verhalten eine große Bedeutung. Selbstkontrolle wird ein Kontrollmechanismus genannt, der dann zum Einsatz kommt, wenn äußerliche, situationsbedingte Reize den Menschen zu einem kriminellen Verhalten verführen.[53] Bei ausreichendem Vorhandensein der Selbstkontrolle, wird die Situation überdacht und das abweichende Verhalten unterdrückt oder verhindert. Ist die Selbstkontrolle nur in einem geringen Maß ausgebildet, ist die Wahrscheinlichkeit höher, in solchen Momenten kriminell zu agieren.

---

[53] Vgl. Wilmers u. a., 2002, S. 238.

4. Tiergestützte Interventionen

Die Wurzeln der tiergestützten Arbeit sind in Amerika verankert. Dieses Land besitzt eine Vorreiterrolle in Bezug auf Resozialisationsarbeit mit Tieren. 1975 setzte David Lee Tiere als Co-Therapeuten in einer forensischen Klinik ein. Seit 1986 gibt es bspw. das „Prison Pet Partnership Programm". In einem Gefängnis in Washington, haben inhaftierte Frauen seit 1981 die Möglichkeit, Hunde zu Begleithunden für Menschen mit körperlichen Einschränkungen auszubilden.[54] Im Vergleich zu anderen Ländern, steckt Deutschland in der therapeutischen / pädagogischen Arbeit mit Tieren eher noch in den Kinderschuhen. Demzufolge sind in Amerika auch die angewendeten Begriffe für die Arbeit mit Tieren genau definiert und abgegrenzt, während hierzulande keine einheitliche Begriffserklärung benutzt wird.

In den nachfolgenden Punkten gehe ich ausführlicher auf die Definitionen von tiergestützten Interventionen ein. Außerdem erläutere ich die Wirkung, die Tiere auf den Menschen haben können. Am Beispiel der Resozialisationsarbeit mit Jugendlichen zeige ich die Nützlichkeit von Tieren in diesem Bereich auf.

4.1 Definition

In Amerika gibt es seit ca. 40 Jahren unterschiedliche Bezeichnungen für die professionelle Arbeit mit Tieren. 1977 wurde die Stiftung Delta Society gegründet. Sie beschäftigt sich wissenschaftlich mit der Erforschung der Mensch - Tier - Beziehung und ist in diesem Bereich zusätzlich praktisch tätig.
Die Delta Society benennt Kriterien und Merkmale, die bei einem professionellen Einsatz von Tieren vorliegen müssen und diesen näher bestimmen. Sie unterscheidet in erster Linie die Vorgehensweise. Es wird unterschieden zwischen Animal-Assisted Activities (AAA) und der Animal-Assisted Therapie (AAT). Bei der AAA ist das Ziel, eine allgemeine Verbesserung zu erzielen, wie z. B. bei der Erziehung oder bei der Genesungsförderung. Der Einsatz mit dem Tier kann von ehrenamtlichen Personen oder von Fachkräften durchgeführt werden.

---

[54] Vgl. Schwarzkopf, Olbrich, 2003, S. 263.

Die dort eingesetzten Tiere sollten unvoreingenommen auf den Menschen zugehen und gutmütig sein. Der Begegnung zwischen Tier und Mensch soll eine positive Wirkung folgen. Der Besuchsablauf ist ungeplant und verläuft unterschiedlich. In diesem Zweig wird die tiergestützte Aktivität nicht schriftlich festgehalten.

Im Gegensatz dazu wird bei der AAT jeder Tiereinsatz dokumentiert und die erreichten oder nicht erreichten Ziele notiert. Die Personen, die diese Arbeit durchführen, müssen in diesem Bereich qualifiziert sein. Die eingesetzten Tiere sollten für diese Arbeit nach Möglichkeit ausgebildet sein. Die Ziele, die bei der AAT verfolgt werden, sind u. a. die Förderung der sozialen Fähigkeiten oder die Erhöhung der Aufmerksamkeitsspanne.[55]

In Deutschland wird der heilsame Einsatz von Tieren mit unterschiedlichen Namen versehen. Bezeichnungen wie „Tiergestützte Therapie", „Tiergestützte Pädagogik", „Tiergestützte Intervention" oder auch „Tiergestützte Aktivitäten" werden häufig synonym benutzt.[56] In der Literatur werden diese Begriffe untereinander nicht abgegrenzt. Verschiedene Autoren verwenden unterschiedliche Begriffe. Das erschwert es für den Leser, die verschiedenen Formen der tiergestützten Arbeit, konkret zu benennen.

In jedem Fall findet ein Einsatz mit einem Tier statt. Durch die Anwesenheit oder durch die Arbeit mit dem Tier, soll eine positive Wirkung auf eine Person oder eine Gruppe von Personen erzielt werden. Diese positive Wirkung kann sowohl im psychischen als auch im physiologischen Bereich auftreten.[57]

Es besteht auch die Möglichkeit, Tiere gezielt einzusetzen. Das ist häufig bei „Tiergestützter Therapie" der Fall. Dazu wird im Vorfeld eine zu erreichende Zielsetzung erarbeitet und im Laufe der Intervention professionell überprüft. In vielen Fällen findet keine therapeutische Zielverfolgung statt. Ein Beispiel dafür ist der Tierbesuchsdienst. Bei diesem wird mit einem Tier, in den meisten Fällen ein Hund, bspw. wöchentlich ein Altenheim besucht, um den Bewohnern u. a. die Möglichkeit zu geben, es anzufassen, es zu fühlen und mit ihm zu spielen.[58]

---

[55] Vgl. Vernooij, Schneider, 2008, S. 33.

[56] Vgl. ebd., S. 14, 30.

[57] Vgl. Otterstedt, S. 66.

[58] Vgl. Prothmann, 2007, S. 87.

Vernooij und Schneider trennen die Begriffe „Tiergestützte Aktivität", „Tiergestützte Pädagogik" und „Tiergestützte Therapie" voneinander ab.[59]
Die tiergestützte Aktivität hat in erster Linie das Ziel, das Wohlbefinden von Menschen zu verbessern. Sie kann von Fachpersonen ausgeführt werden, aber auch von Menschen, die sich das Wissen über tiergestützte Einsätze bspw. angelesen haben. Tiergestützte Aktivitäten sind u. a. Tierbesuchsdienste.
Bei der tiergestützten Pädagogik geht es insbesondere um die Förderung der sozialen und emotionalen Intelligenz. Im Vorfeld werden Zielvorgaben ausgearbeitet, die in einem Lehrplan festgehalten werden. Die durchführenden Fachkräfte haben eine pädagogische oder sonderpädagogische Ausbildung. Die dort tätigen Tiere sind für ihre Einsätze geschult. Ziel ist es, einen Lernfortschritt in Bezug auf die soziale und emotionale Kompetenz zu erreichen.
Die Schwerpunkte bei der tiergestützten Therapie liegen bspw. auf der Verarbeitung von Erlebnissen, der Reduzierung sozialer Ängste oder der gezielten Einwirkung auf den Persönlichkeitsbereich. Dazu ist im Vorfeld eine Problem- oder Situationsanalyse des Betroffenen erforderlich. Es wird ein Therapieplan erstellt, der das Tier mit einbezieht. Die durchführenden Personen müssen therapeutisch qualifiziert sein.

Wichtig ist noch zu erwähnen, dass die Arbeit mit Tieren keinen Ersatz für andere Maßnahmen darstellen soll. Sie ist lediglich eine sinnvolle Ergänzung oder Unterstützung zu anderen konventionellen Methoden.[60]
Wenn die Abgrenzung von Vernooij und Schneider auf die Resozialisationsarbeit mit Tieren angewendet wird, kann diese Arbeit als Mischform eingeordnet werden. In verschiedenen Gefängnissen oder Jugendhaftanstalten finden unterschiedliche Aktionen mit Tieren statt.

In der Jugendhaftanstalt in Neustrelitz werden z. B. regelmäßige Kontakte mit einem Hundebesuchsdienst durchgeführt. Diese Art der Resozialisationsarbeit lässt sich in die tiergestützte Aktivität einordnen. Außerdem werden dort erfolgreich Kaninchen gezüchtet und ausgestellt. Zusätzlich bietet die Haftanstalt eine Ausbildung zum Tierpfleger an.[61]

---

[59] Vgl. Vernooij, Schneider, 2008, S. 48ff.

[60] Vgl. Prothmann, 2007, S. 13.

[61] Vgl. MVregio, 2006, o. a.

Diese Art der Arbeit mit dem Tier gehört zur tiergestützten Pädagogik. Es geht um die Förderung von sozialer und emotionaler Kompetenz. Diese Förderung findet bei einer Ausbildung zum Tierpfleger statt.
In einem Schweizer Strafvollzug in Saxerriet wird die tiergestützte Therapie mit Hilfe von Eseln und einer ausgebildeten Therapeutin durchgeführt.[62]

Im Innenhof der Jugendarrestanstalt Vechta werden Tiere gehalten. Das Beschäftigen mit den Tieren basiert auf Freiwilligkeit. Es gibt keine Vorschriften oder Pläne über die Beschäftigung mit dem Tier.[63] Da keine Zielvorstellungen formuliert werden, gehört diese Resozialisationsarbeit zu dem Bereich der tiergestützten Aktivität.
Wie und in welcher Form die verschiedenen Arten der tiergestützten Arbeit auf den Menschen wirken, wird im nächsten Punkt dargestellt.

4.2 Wirkung des Tieres auf den Menschen

Viele Autoren (Greiffenhagen, Buck-Wener 2007, Vernooij, Schneider 2008, Prothmann 2007) weisen darauf hin, dass die Tiere durch ihre Art, ihre Eigenschaften und ihre Natürlichkeit einen positiven Einfluss auf Menschen ausüben.[64] Viele Pädagogen, Therapeuten oder Heilpädagogen sind der Auffassung, dass Tiere dem Menschen gut tun und umgekehrt. Allerdings existieren nur wenige wissenschaftliche Untersuchungen, die dieses Phänomen eindeutig belegen.[65]
Die Entdeckung der positiven Wirkung der Tiere auf die Gesundheit des Menschen war zufälliger Natur. Friedmann u. a. haben eine sozialmedizinische Untersuchung an Menschen durchgeführt, die einen Herzinfarkt erlitten haben. In dieser Studie sollten Faktoren ermittelt werden, die die Überlebenschancen der Herzinfarktpatienten beeinflussen. Dabei stellten sie fest, dass sich der Besitz eines Haustieres sich signifikant auf die Überlebenswahrscheinlichkeit auswirkte. Die Art des Haustieres war dabei nebensächlich. Ein Aquarium mit Fischen hatte ebenso eine genesende Wirkung auf den Herzinfarktpatienten, wie ein Hund.[66]

---

[62] Vgl. Weik, 2008, o. a.

[63] Vgl. Gusella, 2003, S. 435.

[64] Vgl. Otterstedt, 2001, S. 23..

[65] Vgl. Greiffenhagen, Buck-Werner, 2007, S. 11.

[66] Vgl. Friedmann u. a., 1980, S. 307ff.

In späteren Versuchen wurde nachgewiesen, dass nur die bloße Anwesenheit eines Tieres den Blutdruck senkt und eine stabilisierende Wirkung auf das Herz erfolgt.[67] In der Literatur werden viele verschiedene positive, physiologische Einflüsse der Tiere genannt. Dazu gehören u. a.[68]

- die Blutdrucksenkung, nur durch die Präsenz eines Tieres
- die entspannende Wirkung auf die Muskeln
- allgemeine Auswirkungen auf das Gesundheitsverhalten, wie z. B. die Anregung zur körperlichen Betätigung an der frischen Luft, oder ein regelmäßiger Tagesrhythmus.

Neben den physiologischen Auswirkungen besteht die Möglichkeit, dass ein Tier eine Verbesserung der psychischen Befindlichkeit bewirkt. Das hängt im wesentliche davon ab, dass ein Tier kein Mensch ist. Es unterscheidet sich zum Menschen u. a. durch die Verhaltensweisen, die Verhaltensmuster und durch andere Fähigkeiten, andere Kommunikationswege oder andere Bindungsmöglichkeiten.[69]

Durch die Andersartigkeit von Tieren, ist bspw. ein anderer Kommunikationsweg erforderlich. In erster Linie verstehen Tiere Mimik und Gestik. Otterstedt erwähnt in diesem Zusammenhang, dass der Prozess einer gemeinsamen Sprachfindung die positive Wirkung der Tiere unterstützt.[70] Um das Tier zu verstehen, ist es wichtig, seine Körperhaltung zu beobachten. Es ist erforderlich, sich in das Tier hinein zu fühlen, um eine gemeinsame Sprache zu finden. Dadurch wird die Empathiefähigkeit geschult. Durch die Erarbeitung einer gemeinsamen Sprache, erleben sich Mensch und Tier und lernen sich kennen.[71]

Ein Mensch geht in der Regel offener auf ein Tier zu als auf andere Menschen. Für viele ist es leichter, sich einem Tier gegenüber zu öffnen, als mit einem Menschen zu kommunizieren. Das liegt u. a. daran, dass Tiere keine Erwartungen haben, die der Mensch erfüllen sollte. Dadurch fällt es bspw. auch Menschen mit einer Sprachstörung leichter, mit einem Tier zu sprechen.

---

[67] Vgl. Greiffenhagen, Buck-Werner, 2007, S. 25.

[68] Vgl. Prothmann, 2007, S. 24.

[69] Vgl. Vernooij, Schneider, 2008, S. 15.

[70] Vgl. Otterstedt, 2001, S. 24.

[71] Vgl. ebd., S. 24.

Tiere nehmen den Menschen als ganze Einheit wahr. Ihre Sinne, z. B. der Geruchssinn, sind anders entwickelt als beim Menschen. Eine Person kann körperlich sehr selbstsicher, ohne Anzeichen von Angst vor einem Hund stehen, aber dadurch, dass der Hund wesentlich feinere Nuancen mit seiner Nase wahrnehmen kann, merkt er eine evtl. vorhandene Angst und reagiert darauf. So ähnlich verhält es sich mit Schafen oder Pferden. Wenn ein Pferd von einem Menschen geritten wird, der sich z. B. unsicher fühlt, nimmt das Pferd die Unsicherheit durch den Geruchssinn wahr.
Tiere nehmen den Menschen ganzheitlich, mit all ihren vorhandenen Sinnen wahr. Man kann ihnen nichts vormachen; sie bemerken den kleinsten Widerspruch und reagieren darauf.

Die Kontaktaufnahme zu einem Tier gestaltet sich in den meisten Fällen leichter.[72] Die Gründe dafür sind vielfältig. Tiere bewerten den Menschen nicht im Vorfeld und gehen ohne gedankliche Vorurteile auf ihn zu. Es ist ihnen egal, welche Kleidung getragen wird oder welcher soziale Status vorhanden ist. Sie unterscheiden nicht zwischen Menschen mit körperlichen Behinderungen oder gesunden Menschen.
Sie geben bedingungslose Akzeptanz und Zuneigung, wenn sie von dem Menschen gut behandelt werden.[73] Viele Menschen verhalten sich einem Tier gegenüber entspannter, weil sie wissen, dass es keine vorherige Wertung vornimmt. Die unvoreingenommene, willkommene Aufnahme und Zuwendung von Tieren hat zur Folge, dass das Selbstwertgefühl gesteigert wird.

Vielen Menschen fällt es schwer gegenüber anderen Personen Ängste und persönliche Gefühle preis zu geben. Bei Tieren sind bspw. Geheimnisse sicher aufbewahrt. Des Weiteren kann ihnen alles erzählt werden, ohne dass die Gefahr besteht, ausgelacht zu werden.

---

[72] Vgl. Vernooij, Schneider, 2008, S. 21.

[73] Vgl. Prothmann, 2007, S. 25.

Es können noch weitere positive psychische Wirkungen mit Tieren erfolgen, Dazu gehören u. a.[74]

- die Selbstsicherheit und das Wohlbefinden werden durch die Akzeptanz und Zuwendung des Tieres gefördert
- eine antidepressive Wirkung durch das Zusammensein und die Gemeinsamkeit mit dem Tier
- ein Gefühl der Beruhigung und Entspannung während des Kontaktes mit dem Vierbeiner
- Angstgefühle werden durch wertfreie Zuneigung und eine einfache Kommunikationsebene reduziert.

Abschließend ist anzumerken, dass der Mensch dem Tier gegenüber nicht abgeneigt sein darf, wenn die o. g. positiven Wirkungen der Tiere erreicht werden sollen.[75] Ein Grundinteresse an dem Tier seitens der Jugendlichen oder Erwachsenen muss vorhanden sein, damit eine Bindung aufgebaut werden kann. Eine erzwungene Begegnung zwischen Mensch und Tier wird für keinen ein positives Erlebnis sein und hätte demzufolge auch keine heilende Wirkung. Nur der Aufbau und das Bestehen einer freiwilligen Beziehung zwischen Mensch und Tier können dazu beitragen, dass Tiere den Menschen helfen und positiven Einfluss üben.

---

[74] Vgl. Otterstedt, 2003, S. 66.

[75] Vgl. Vernooij, Schneider, 2008, S. 105.

4.3 Tiere in der Resozialisationsarbeit

> „Es war einmal ein Mann, der hatte Unrecht getan und saß im Gefängnis. Niemand hatte ihn gern, weil er die anderen Gefangenen schlug und auf die Wärter losging. Eines Tages kam ein Vogel, setzte sich an das Fenster der Zelle und sang ein Lied. Der Mann nahm einige Brösel von seinem Brot und gab sie dem Vogel. Der ließ es sich schmecken und kam am nächsten Tag wieder. Schließlich trippelte er durch die Gitterstäbe, setzte sich auf die Schulte des Mannes und knabberte an seinem Ohr. „Komm wieder, Vogel, und bleib bei mir", sagte der Mann. Der Vogel blieb bei ihm. Von der Zeit an wurde der Mann freundlich, und alle mochten ihn."[76]

So oder so ähnlich hat ein Mann in einem Hochsicherheitstrakt seinen ersten Kontakt mit einem Tier erfahren. Dieser kleine Vogel hat die Insassen dazu gebracht, gemeinsam Würmer und Insekten zu suchen, um ihn zu füttern. Selbst die Wärter waren engagiert und am Überleben des Tieres interessiert. Ein Vogel hat die Atmosphäre in einer Haftanstalt unbeabsichtigt verbessert und hochgradig Straffällige sensibel werden lassen. Dieser Vorfall führte u. a. dazu, dass in einer Haftanstalt in Ohio mit der Zeit 164 Tiere angeschafft wurden.[77]

Wie oben schon erwähnt, hat ein Großteil der kriminellen Jugendlichen Defizite in Bezug auf die Schulleistung. Außerdem sind viele in einem nicht stabilen Elternhaus aufgewachsen. In den Punkten 4.3.1 und 4.3.2 werden diese Defizite in Verbindung mit der Arbeit mit Tieren gebracht, um darzustellen, wie die Defizite mit der Unterstützung von Tieren gefördert werden können.
Des Weiteren weisen viele delinquente Jugendliche geringe Fähigkeiten im sozialen Bereich auf. Wie die sozialen Fähigkeiten mit Tieren gesteigert werden können, wird in Punkt 4.3.2 erläutert.

---

[76] Greiffenhagen, Buck-Werner, 2007, S. 13.

[77] Vgl. ebd., S. 203f.

4.3.1 In Bezug auf Defizite bei der schulischen Situation

Viele delinquente Jugendliche konnten in ihrer bisherigen schulischen Karriere nur wenige Erfolgserlebnisse verzeichnen. Der Prozess des Lernens kann mit Tieren gefördert werden, um den Jugendlichen zu motivieren, die schulische Situation meistern zu können.
Tiere vermitteln verschiedene Kenntnisse. In der Jugendarrestanstalt in Vechta wurden bspw. die Gehege, Stallungen und Volieren für die unterschiedlichen Tierarten selbst hergestellt.[78] Dazu mussten sich die Insassen im Vorfeld verschiedene Einblicke in die Tierart und ihre Haltung verschaffen, um eine optimale Unterbringung herzustellen. Des Weiteren haben sie durch die Fertigung neue handwerkliche Kenntnisse erworben oder bereits vorhandenes Wissen vertieft. Diese Art der Arbeit und des Lernens ist zweckgebundener und hat einen konkreten Sinn. Das hat zur Folge, dass die Arbeit nicht gezwungenermaßen, sondern freiwillig und gerne durchgeführt wird.

Die Tiere helfen, wieder einen geregelten Tagesablauf zu finden.[79] Dazu ist es erforderlich, dass sich die Insassen selbst organisieren und die Versorgung der Tiere in ihren Haftalltag integrieren. Es müssen unterschiedliche Aufgaben erledigt werden. Dazu gehört das Füttern, aber auch das tägliche Säubern der Ställe. Des Weiteren äußern manche Tiere ein Bedürfnis nach Nähe und fordern von den Jugendlichen Zuneigung ein. Diese Aufgaben nehmen eine nicht unerhebliche Zeit in Anspruch. Sie zufriedenstellend zu erfüllen, erfordert Disziplin und Durchhaltevermögen. In vielen Fällen werden diese Aufgaben von den Insassen besser akzeptiert, weil sie für die Tiere überlebensnotwendig sind und sie die Verantwortung dafür tragen. Tiere würden sterben, wenn sie nicht ausreichende Nahrung zu sich nehmen könnten.
So lernen die Jugendlichen wieder, sich selbst zu strukturieren, indem sie verschiedene Aufgaben und Verantwortung übernehmen. Das könnte sich auf ihren Alltag außerhalb der Haftanstalt übertragen, so dass sie evtl. leichter einen Einstieg in die Berufsausbildung oder in den Schulalltag finden.

---

[78] Vgl. Seyfert, 2006, S. 1.

[79] Vgl. Otterstedt, S. 17.

Die Arbeit mit den Tieren ist abwechslungsreich. Ein Tier kann sich je nach Tagesform unterschiedlich verhalten. Demzufolge muss sich der Jugendliche auf das Tier einstellen.

Viele Jugendliche in einer Haftanstalt haben Misserfolge in der Schule erfahren. Wenn sich der Erfolg trotz höherer Lernbemühungen nicht einstellt, kann ein Abwenden von der Schule die Folge sein. In der Arbeit mit Tieren kann ein Lernerfolg auch mit sehr kleinen Schritten erreicht werden. Wenn die verschiedenen Tiere mit Namen betitelt werden, ist es ein Erfolgserlebnis, sich diese zu merken und ggf. zu wissen, in welchem Stall oder Gehege es beheimatet ist. Das trainiert das Gedächtnis und kann einen Ehrgeiz wecken, der zum Erfolg führt.
In der Jugendanstalt Neustrelitz werden bspw. Kaninchen gezüchtet, die an Zuchtwettbewerben teilnehmen. Die Insassen haben einige Preise für ihre Zucht erhalten und nehmen an der Jugendlandesmeisterschaft teil.[80] Die Jugendlichen haben durch ihre Kaninchenzucht ein Erfolgserlebnis, welches sie in der Schule wahrscheinlich nicht hatten. Im Fall von Neustrelitz weckt der Erfolg den Ehrgeiz, die Tiere z. B. noch häufiger zu kämmen. Da in dieser Haftanstalt eine Ausbildung zum Tierpfleger angeboten wird, kann es die Jugendlichen dazu animieren, eine Ausbildung anzufangen.

Die Tierhaltung in einer Haftanstalt kann dazu führen, dass sich die Insassen durch Lesen Wissen über die Tiere aneignen, um mehr über sie, das Leben in freier Wildbahn oder über ihre Verhaltensweisen zu erfahren. Die Tiere geben ihnen dazu Anregungen.

---

[80] Vgl. MVregio, 2006, o. A.

4.3.2 In Bezug auf Defizite bei der familiären Situation

Eine Vielzahl von delinquenten Jugendlichen weist ein nicht optimales Elternhaus, mit einer schlechten familiären Sozialisation auf. Zuneigung oder Interesse an dem Kind waren wahrscheinlich nur im geringen Umfang vorhanden. Wie können Tiere in dieser Beziehung einen positiven Einfluss haben? Selbstverständlich ist, dass sie keine Familie ersetzen können, aber sie können den Jugendlichen in verschiedenen Bereichen hilfreich unterstützen.

Es ist davon auszugehen, dass die Jugendlichen durch die familiäre Situation ein Misstrauen zu Erwachsenen aufgebaut haben. Viele Jugendliche öffnen sich Tieren leichter als anderen Menschen. Greiffenhagen und Buck-Werner benennen diesen Aspekt folgendermaßen:
„Kinder und Jugendliche, die schlechte Erfahrungen mit Erwachsenen gemacht haben, sind durch Erzieher und Psychologen zunächst in der Regel nur schwer zu erreichen. Tiere können in dieser belastenden Situation als Eisbrecher wirken."[81] Diese Problematik spielt bei delinquenten Jugendlichen in vielen Fällen eine Rolle. Sie sind enttäuscht vom Verhalten der Eltern oder der Lehrer, haben Schwierigkeiten, Vertrauen zu anderen erwachsenen Menschen zu fassen und können sich ihnen gegenüber nur schwer öffnen.
Durch den körperlichen Kontakt zum Tier spüren sie ihre Nähe. Diese Zuneigung können sie angstfrei empfinden, da das Tier bspw. keine bösen Absichten gegenüber dem Menschen hegt. Die Jugendlichen fühlen sich nicht mehr einsam und können sich dem Tier anvertrauen. Da das Tier sie nicht abweisen wird, können sie verlorenes Vertrauen wieder aufbauen.[82] Sie können dem Tier alles erzählen, ohne verurteilt zu werden.

Diese sozialen Kontakte und die Offenheit gegenüber dem Tier übertragen sich in den meisten Fällen auch auf den Kontakt zu Menschen. Sie wirken wie „Eisbrecher". Die Jugendlichen werden langsam offener und fassen wieder Vertrauen zu den Menschen in ihrer Umwelt. Vertrauen zu anderen Menschen ist eine wichtige Voraussetzung, um ein befriedigendes Leben außerhalb der Haftanstalt führen zu können.

---

[81] Greiffenhagen, 2007, S. 191.

[82] Vgl. Prothmann, 2005, S. 15.

Jeder Mensch hat ein Grundbedürfnis nach Nähe und Geborgenheit. Wenn dieses Bedürfnis in der Kindheit nicht ausreichend befriedigt worden ist, ist es für viele Jugendliche schwer, Nähe anzunehmen. Mit der Hilfe von Tieren fällt es ihnen leichter. Tiere können gestreichelt und umsorgt werden. Sie „stupsen" den Menschen an, wenn sie das Bedürfnis nach Zuneigung haben. Dadurch kann das Tier dieses Grundbedürfnis in einem kleineren Rahmen befriedigen und das Verhältnis zu Nähe und Geborgenheit verbessern.[83]

Durch die Zuwendung und Bestätigung im Umgang mit Tieren, fühlen sich die Jugendlichen weniger einsam.[84] Die Isolation, in der sie sich im Moment befinden, kann mit ihrer Hilfe besser ertragen werden. Dadurch fühlen sich die Jugendlichen wohler und sind ausgeglichener. Da sie von ihren Eltern in vielen Fällen wenig oder gar keine Zuwendung erfahren haben, ist es wichtig, dass sie dieses Gefühl kennen lernen. Mit Hilfe der Tiere lernen sie auch, das Gefühl der Zuwendung erwidern zu können.

Viele Eltern von dissozialen Jugendlichen neigen zu einem schwankenden Erziehungsverhalten. Daher erfahren betroffene Jugendliche keine Stabilität in der Erziehung der Eltern. Tiere geben einem das Gefühl der Stabilität. Ihr Handeln, dass auf verschiedene Situationen folgt, kann von dem Jugendlichen nach einem gemeinsamen Kennen lernen eingeschätzt werden. Dadurch erfahren die Jugendlichen von den Tieren Grenzen, innerhalb derer sie handeln können.
Der Leiter der Haftanstalt Saxerriet vertritt die Meinung, dass eine erfolgreiche Resozialisation der Gefangenen nur erfolgen kann, wenn sie Vertrauen und Geborgenheit erleben.[85]

Die Tiere führen ein Teil der sozialen Integration durch, indem sie verschiedene Bedürfnisse befriedigen. Dazu gehören u. a. das Gefühl der Gemeinsamkeit, das Weitergeben von Zuwendung, die erfahrene Geborgenheit oder das Gefühl gebraucht zu werden.

---

[83] Vgl. Greiffenhagen, 2007, S. 39.

[84] Vgl. Otterstedt, 2001, S. 37.

[85] Vgl. Schlappack, 1998,S. 16.

4.3.3 In Bezug auf die Ausbildung von sozialen Kompetenzen

In verschiedenen Studien wurde nachgewiesen, dass delinquente Jugendliche nur wenig oder gering ausgebildete soziale Kompetenzen aufweisen. Tiere können sie in mehrfacher Hinsicht dabei unterstützen, die positive Weiterentwicklung in Bezug auf soziale Fähigkeiten zu fördern.
Vernooij und Schneider sprechen davon, dass Tiere durch „...positive emotionale Erlebnisse die Entwicklungsprozesse bei Kindern in hohem Maße erleichtern und unterstützen."[86]
Ein wichtiger Aspekt, ist das neutrale Zugehen des Tieres auf den Menschen. Dadurch ist es in der Lage, die sozialen Fähigkeiten zu stärken.[87]
Tiere haben keine Vorurteile gegenüber Menschen. Sie sind an jedem gleich interessiert. Für die Tiere spielt es keine Rolle, ob bspw. der Mensch kriminell war oder ist, welchen sozialen Status er besitzt oder ob sein Äußeres viel Attraktivität aufweist. Dadurch, dass Tiere auf alle Menschen offen zugehen kann man sie ohne Hemmungen ansprechen und mit ihnen in einen sozialen Kontakt treten. Dadurch lernen die Jugendlichen zunächst, einen Kontakt zu Tieren aufzubauen. Diese Erfahrung wird in vielen Fällen übertragen. Das heißt, dass es den Jugendlichen leichter fällt, neue soziale Kontakte zu knüpfen und sich natürlich und offen zu präsentieren.

Um eine positive Beziehung zu den Tieren aufzubauen, ist eine Kommunikation zwischen Mensch und Tier erforderlich. Da Tiere die Sprache der Menschen nicht kennen, erfolgt ein Kennen lernen zunächst auf der nonverbalen Ebene. Um die Verhaltensweisen der Tiere zu verstehen, muss man sie beobachten und sich in ihre Denkmuster hinein versetzen. Dadurch, dass Tiere immer ehrlich und aufrichtig sind, ist es leichter, ihr Denken zu verstehen als bei einem Menschen. Ihre Gestik und Mimik zeigt ihre aktuelle Stimmung. Menschen sagen häufig etwas, aber ihre Körperhaltung zeigt etwas anderes. Bei Tieren ist dies nicht der Fall. Das Kennen lernen und der folgende Kontakt zu den Tieren schult die Empathiefähigkeit des Jugendlichen. Er wird sicherer im Kontakt zum Tier, weil er die Reaktionen nach und nach besser einschätzen kann.

---

[86] Vernooij, Schneider, 2008, S. 71.

[87] Vgl. Prothmann, 2005, S. 12.

Diese Erfahrungen und das neu erlernte Wissen über das Tier, wirken sich positiv auf das Selbstwertgefühl aus. Alleine die Erfahrung, dass ein Tier selbständig oder nach einem Zuruf den Weg zum Menschen findet, soll Gefühle, wie Stolz und Angenommenwerden, auslösen. Diese positiven Gefühle steigern wiederum den Selbstwert und das Selbstbewusstsein.[88] Bei der Arbeit mit Tieren bestehen verschiedene Möglichkeiten, sich selbst bestätigt zu fühlen.

Jede Arbeit oder Handlung, die in Bezug zu dem Tier steht, besitzt eine Folgewirkung.[89] Wenn z. B. der Jugendliche den Stall der Nagetiere ausgemistet hat und die Tiere daraufhin durch den Stall rennen und das frische Gras fressen, folgt ein Gefühl der Selbstbestätigung. Der Mensch sieht das Ergebnis seiner Arbeit. Das ist in diesem Fall das Wohlfühlen der Nagetiere in dem sauberen Stall. Ein anderes Beispiel ist das Erlebnis, dass die Hühner dem Jugendlichen die Weizenkörner aus der Hand fressen. Das Tier, welches dem Menschen aus der Hand frisst, hat großes Vertrauen zu ihm und akzeptiert ihn. Dies ist ein Auszug der Möglichkeiten, die sich positiv auf den Selbstwert oder das Selbstwertgefühl der Jugendlichen auswirken können. Ihren eigenen Handlungen folgt eine positive Resonanz der Tiere. Diese Erfahrungen können den Jugendlichen Mut geben ihr eigenes Leben, auch außerhalb der Haftanstalt, wieder in die Hand zu nehmen und es steuern zu können.

Eine weitere, in den meisten Fällen schlecht ausgebildete soziale Fähigkeit bei dissozialen Jugendlichen, ist die Konfliktkompetenz. Tiere sind in der Lage, Grenzen zu setzen, die von den Menschen akzeptiert werden müssen. Wenn die Jugendlichen diese Grenzen nicht akzeptieren, wird ihnen ihr Fehlverhalten mittels einer Reaktion der Tiere verdeutlicht. Mit aggressiven oder gewalttätigen Verhalten würde ein Mensch keinen Kontakt zu einem Tier aufbauen können. Es würde wegrennen oder ebenfalls aggressives Verhalten zeigen. Der Jugendliche muss seine evtl. gereizte Stimmung oder negativen Emotionen im Kontakt zu Tieren unter Kontrolle haben, um mit dem Tier in Kontakt bleiben zu können.

---

[88] Vgl. Otterstedt, 2001, S. 24f.

[89] Vgl. Prothmann, 2007, S. 25f.

Ein Vorteil bei der Arbeit mit Tieren ist, dass die Grenzsetzung von Tieren in vielen Fällen besser akzeptiert wird, als wenn sie durch einen Menschen erfolgt. Selbst kleine Tiere können durch ihr Verhalten auf eine Handlung des Menschen verständlich reagieren.

Wenn bspw. ein Jugendlicher ein Kaninchen aus dem Stall einfangen will und ungehalten reagiert, weil das Einfangen zu lange dauert, wird das Kaninchen evtl. durch Zubeißen anzeigen, dass der Jugendliche zu grob agiert. Dieser muss seine Handlung überdenken, um das Kaninchen einfangen zu können. Ein anderes Beispiel wäre, wenn sich die Tiere abwenden, weil der Mensch zu fordernd ist.

In diesem Fall muss der Mensch das Abwenden akzeptieren, denn er kann das Tier nicht zur Zuneigung zwingen. Auf verbale Diskussionen wird sich ein Tier nicht einlassen können. Körperliche Gewalt wird bei der Arbeit mit Tieren ebenfalls keinen positiven Erfolg erzielen. So lernen die Jugendlichen in der entsprechenden Situation verschiedene Handlungsstrategien zu entwickeln, um im Kontakt zu dem Tier einen Erfolg zu erzielen. Diese Erfahrungen können dazu führen, dass der Jugendliche in Zukunft besser in der Lage ist, mit Konflikten umzugehen und auch bei Konflikten mit anderen Menschen zuerst über seine Handlungen nachdenkt, anstatt evtl. aggressiv zu agieren.

Die Selbstkontrolle kann in solchen Momenten ebenfalls geschult werden. Die Jugendlichen müssen sich während der Interaktion mit dem Tier selbst unter Kontrolle haben, um bspw. nicht aggressiv zu werden oder „auszurasten“.

Das Zusammensein mit Tieren kann zur Folge haben, dass evtl. vorhandene Erregungszustände überdacht werden und der Mensch sich beruhigt. Die Gegenwart der Tiere lässt den Jugendlichen die Situation aus einer anderen Perspektive wahrnehmen.

Dies ist ein Auszug, in welcher Hinsicht Tiere den Menschen lehren und fördern können.

Vernooij und Schneider vertreten die Ansicht, dass

> „... durch die Stärkung des (sozialen) Selbstwertgefühls aufgrund der Erfahrung mit dem Tier, gebraucht, gemocht und akzeptiert zu werden, die Wahrscheinlichkeit erhöht wird, Erfahrungen und in der Interaktion mit dem Tier Gelerntes auf soziale Situationen mit Menschen übertragen zu können.“[90]

[90] Vernooij, Schneider, 2008, S. 114.

Tiere können vieles in der Arbeit mit dem Menschen leisten. Allerdings muss in erster Linie die Voraussetzung erfüllt sein, dass der betroffene Jugendliche bereit ist, eine Beziehung zu dem Tier aufzubauen. Wenn diese Voraussetzung erfüllt ist, wird das Tier in der Lage sein, ihn in einigen Aspekten positiv zu stärken. Es ist wichtig zu erwähnen, dass Tiere kein Allheilmittel sind, aber eine nützliche Ergänzung, um den Jugendlichen ihren Alltag in der Jugendhaft angenehmer und sinnhafter zu gestalten.

5. Schlussbetrachtung

Die Beschäftigung mit der Thematik der tiergestützten Arbeit in Haftanstalten lässt mich die These aufstellen, dass die Tiere den Menschen dabei helfen können, verschiedene Kompetenzen positiv zu fördern. Dazu müssen zwei Vorraussetzungen erfüllt sein. Zum einen darf der Jugendliche nicht grundsätzlich eine Abneigung gegen Tiere haben, und zum anderen muss er bereit sein, eine Bindung zu dem Tier aufzubauen. Demzufolge müssen die Jugendlichen mitarbeiten, um von der positiven Wirkung des Tieres zu profitieren. Wenn diese Voraussetzungen nicht gegeben sind, ist es nicht möglich, eine Verbesserung, bspw. der sozialen Kompetenzen, mit tiergestützter Arbeit zu erreichen.
Wie teilweise in der Literatur beschrieben, sehe ich es kritisch, Tiere als Allheilmittel darzustellen. Wie auch bei anderen pädagogischen oder therapeutischen Maßnahmen, ist die Wirkung der tiergestützten Intervention von der Mitarbeit der Klienten abhängig.

Die Justizvollzugsanstalt Vechta bietet den Jugendlichen die Arbeit mit den Tieren auf freiwilliger Basis an. Hier wären die o. g. Voraussetzungen erfüllt, wenn wir davon ausgehen, dass die teilnehmenden Jugendlichen bereit sind, eine Beziehung zu den Tieren aufzubauen.
Wenn die Voraussetzungen erfüllt sind, können Tiere eine Verbesserung, bspw. im Sozialverhalten, bewirken. Meiner Ansicht nach ist es nebensächlich, den Grund dafür herauszufinden. Dieses Phänomen wissenschaftlich zu belegen, ist wohl eher ein schwieriges Unterfangen. Letzten Endes ist es doch ausschlaggebend, dass positive Wirkungen erzielt werden können.

In den Gefängnissen, in denen mit Tieren gearbeitet wird, berichteten die Aufseher u. a. davon, dass sich das Klima innerhalb der Haftanstalt verbessert hat und aggressive Jugendliche durch die Arbeit mit den Tieren umgänglicher wurden. Die Haftanstalt Saxeriett in der Schweiz hat erst dieses Jahr ihren Tierbestand mit drei Eseln erweitert, um sie im therapeutischen Kontext für schwer zugängliche Insassen einzusetzen. Diese Haftanstalt besitzt eine Vorreiterrolle in Bezug auf tiergestützter Intervention. Ähnliche Projekte sind nur in Amerika zu finden.

Wichtig ist in diesem Zusammenhang zu erwähnen, dass Tiere keine Wunder bewirken können und bei jedem Menschen die gleichen positiven Wirkungen erzielen. Tiere sollten als Ergänzung zu anderen therapeutischen oder pädagogischen Maßnahmen gesehen werden. Die Jugendlichen in den Haftanstalten haben durch die Tiere eine wichtige Aufgabe, die ihnen u. a. dabei helfen kann, Verantwortung zu übernehmen oder einen geregelten Tagesablauf zu finden. Sie können Abwechslung in den eher stupiden Gefängnisalltag bringen und wahrscheinlich immer wieder für überraschende Momente sorgen.

Meiner Meinung nach ist das Wohlbefinden der Tiere kritisch zu sehen. In der Literatur wird dieser Aspekt weitestgehend vernachlässigt. Der emotionale Zustand des Tieres wird sich in seinem Verhalten wiederspiegeln. Demzufolge könnten Tiere, die nicht artgerecht behandelt werden, unkontrollierte Verhaltensweisen zeigen. Es wäre möglich, dass Sie Unarten aufweisen, die den Menschen verletzen können. So könnten z. B. Hunde dem Menschen Bisswunden zufügen oder Ponys und Esel durch Austreten mit den Hufen jemanden verletzen.

Um ein erhöhtes Verletzungsrisiko auszuschließen, sollten den Tieren u. a. Ruhephasen ermöglicht werden, in denen kein Mensch anwesend ist. In dieser Zeit könnten sie sich ausruhen, schlafen und sich von evtl. erlebten Unruhen erholen.

Meiner Ansicht nach, ist die Arbeit mit Tieren in Haftanstalten eine gute Ergänzung zu anderen Methoden der Resozialisierung. Aufgrund der vielseitigen positiven Wirkung der Tiere, wäre es vorstellbar, dass sie in manchen Bereichen größere Erfolge erzielen können, als es mit anderen Behandlungsweisen der Fall ist.

6. Quellenverzeichnis

Beelmann, Andreas, Raabe, Tobias, Dissoziales Verhalten von Kindern und Jugendlichen, Göttingen 2007

Boogaart, Hilde van den, Abweichendes Verhalten, in: Deutschen Verein für öffentliche und private Fürsorge (Hrsg.), Fachlexikon der sozialen Arbeit, 5. Auflage, Frankfurt am Main 2002, S. 785, 786

Brühl, Albrecht, Deichsel, Wolfgang, Nothacker, Gerhard, Strafrecht und Soziale Praxis, Stuttgart 2005

Bruhns, Kirsten, Wittmann, Svendy, Mädchenkriminalität – Mädchengewalt, in: Raithel, Jürgen, Mansel, Jürgen (Hrsg.), Kriminalität und Gewalt im Jugendalter, Weinheim, München, 2003, S. 41 - 63

Cornel, Heinz, Resozialisierung – Begriff, Inhalt und Verwendung, in: Cornel, Heinz, u. a. (Hrsg.) Handbuch der Resozialisierung, 2. Auflage, Baden Baden 2003, S. 13 - 54

Dreher, E., Dreher, M.: Entwicklungsaufgaben im Jugendalter: Bedeutsamkeit und Bewältigungskonzepte, in: Liepmann, D., Stiksrud, A. (Hrsg.), Entwicklungsaufgaben und Bewältigungsprobleme in der Adoleszenz, Göttingen 1985, S. 56 - 70

Eisner, Manuel, Ribeaud, Denis, Erklärung von Jugendgewalt – eine Übersicht über zentrale Forschungsbefunde, in: Raithel, Jürgen, Mansel, Jürgen (Hrsg.), Kriminalität und Gewalt im Jugendalter, Weinheim, München, 2003, S. 182 - 206

Enke, Thomas, Sozialpädagogische Kriseninterventionen bei delinquenten Jugendlichen, Weinheim, München, 2003

Erikson, Erik H., Jugend und Krise, 4. Aufl., Stuttgart 1998

Essau, Cecilia, Conradt, Judith, Aggression bei Kinder und Jugendlichen, München 2004

Feser, Herbert, Der menschliche Lebenszyklus, 2. Aufl., Schwabenheim 2003

Franze, Karin, Resozialisierung unter den Bedingungen des Frauenstrafvollzugs, Frankfurt am Main 2001

Friedmann, Erika u. a., Animal companions and one-year survival of patients after discharge from a coronary care unit. Public Health Reports 95, S.307 – 312, zitiert nach Prothmann, Anke, Tiergestützte Kinderpsychotherapie, Frankfurt am Main 2007

Gottfredson, Michael, Hirschi, Travis., A general theory of crime, Stanford University Press, zitiert nach Wilmers, Nicola u. a., Jugendliche in Deutschland zur Jahrtausendwende: Gefährlich oder gefährdet?, Baden-Baden 2002

Gusella, Sonja, Forensische Resozialisation mit Tieren, in: Olbrich, Erhard, Otterstedt, Carola (Hrsg.) Menschen brauchen Tiere, Stuttgart 2003, S 430 - 437

Greiffenhagen, Sylvia, Buck-Werner, Oliver, Tiere als Therapie, Mürlenbach 2007

Heßler, Manfred, Jugenddelinquenz, in: Seidenstücker, Bernd, Mutke, Barbara (Hrsg.), Praxisratgeber Jugendhilfe, Merching 2004, S. 73 - 93

Hoops, Sabrina, Permien, Hanna, Rieker, Peter, Zwischen null Toleranz und null Autorität, München 2001

Hosser, Daniela, Soziale Unterstützung im Strafvollzug, Baden Baden 2001

Kievel, Winfried, Knösel, Peter, Marx, Ansgar, Einführung in das Recht für soziale Berufe, München 2007

Landeskriminalamt Baden-Württemberg, Kommunale Kriminalprävention, Projekt der Förderinitiative Jugendkriminalprävention, Stuttgart 2007,
Url.: http://www.praevention-bw.de/download/Fjk-Web-070524.pdf
(letzter Zugriff: 23.02.2008)

Mansel, Jürgen, Angst vor Gewalt, Weinheim, München 2001

Mansel, Jürgen, Hurrelmann, Klaus, Aggressives und delinquentes Verhalten Jugendlicher im Zeitvergleich, in: Kölner Zeitschrift für Soziologie und Sozialpsychologie, Heft 1, Jahrgang (Jg.) 50, 1998, S. 78 - 109

Meinhardt, Inge, Therapeutisches Reiten mit inhaftierten Frauen, in: Jagenlauf, Michael, Michl, Werner (Hrsg.), e & l – erleben und lernen, Auf dem Rücken der Pferde, Heft 1/1997, 5. Jahrgang 1997, S. 22 - 25

Melzer, Wolfgang, Jakob, Diana, Delinquenz und Sozialisation jugendlicher Mehrfachtäter; Abschlussbericht zum Forschungsprojekt, Dresden 2002, Url.: http://www.tu-dresden.de/erzwisg/spsf/forschun/gewalt/Material/Bericht.pdf
(letzter Zugriff: 23.02.2008)

Moffit, Terrie, Taxonomy of antisocial behavior, Psychical Review, 100, S. 674 – 701, zitiert nach Montada, Leo, Delinquenz, in: Oerter, Ralf, Montada, Leo (Hrsg.), Entwicklungspsychologie, 5. überarbeitete Auflage, München 2002, S. 859 - 873

Montada, Leo, Delinquenz, in: Oerter, Ralf, Montada, Leo (Hrsg.), Entwicklungspsychologie, 5. überarbeitete Auflage, München 2002, S. 859 - 873

MVregio, Nachrichten für Mecklenburg-Vorpommern, 2006, Url.: www.mvregio.de/nachrichten_region/mst/16116.html (letzter Zugriff: 23.02.2008)

Oerter, Ralf, Dreher, Eva, Jugendalter, in: Oerter, Ralf, Montada, Leo (Hrsg.), Entwicklungspsychologie, 5. überarbeitete Auflage, München 2002, S. 258 - 318

Otterstedt, Carola, Tiere als therapeutische Begleiter, Stuttgart 2001

Otterstedt, Carola, Der heilende Prozess in der Interaktion zwischen Mensch und Tier, in: Olbrich, Erhard, Otterstedt, Carola (Hrsg.) Menschen brauchen Tiere, Stuttgart 2003, S 58 - 67

Prothmann, Anke, Verhaltensmuster psychisch auffälliger Kinder und Jugendlicher in der tiergestützten Therapie - eine Interaktionsanalyse, Aachen 2005

Prothmann, Anke, Tiergestützte Kinderpsychotherapie, Frankfurt am Main 2007

Richtberg, Werner, Resozialisierung, in: Deutschen Verein für öffentliche und private Fürsorge (Hrsg.), Fachlexikon der sozialen Arbeit, 5. Auflage, Frankfurt am Main 2002, S. 785

Scheerer, Sebastian, Delinquenz, in: Deutschen Verein für öffentliche und private Fürsorge (Hrsg.), Fachlexikon der sozialen Arbeit, 5. Auflage, Frankfurt am Main 2002, S. 195

Schröder, Achim, Konflikt und Adoleszenz – über die heutigen Umgangsweisen mit Jugend, in: Bettinger, Frank, Mansfeld, Cornelia, Jansen, Mechthild (Hrsg), Gefährdete Jugendliche?, Opladen 2002

Schwarzkopf, Andreas, Olbrich, Erhard, Lernen mit Tieren, in: Olbrich, Erhard, Otterstedt, Carola (Hrsg.), Menschen brauchen Tiere, Stuttgart 2003, S. 253 – 266

Seyfert, Christoph, Weniger Frust, mehr Freunde, in: Süddeutsche Zeitung (Hrsg.), Url.: http://www.tierheim-muenchen.com/ihtm/nachdenklich.htm?aclnachdenklich=1000:0:0605101142244068824:::0:11:::
(letzter Zugriff: 23.02.2008)

Vernooij, Monika, Schneider, Silke, Handbuch der Tiergestützten Intervention, Wiebelsheim 2008

Weik, Regula, Eselprogramm für Straffälligen, 2008, Url.: http://www.saxerriet.sg.ch/home/strafvollzug/presse/pressespiegel.Par.0006.DownloadListPar.0006.File.tmp/Eselprogramm%20VOZ.pdf
(letzter Zugriff: 23.02.2008)

Wilmers, Nicola u. a., Jugendliche in Deutschland zur Jahrtausendwende: Gefährlich oder gefährdet?, Baden-Baden 2002